빨간 사과는 열쇠 가게다

형상시인선 15

빨간 사과는 열쇠 가게다

김루비 시집

북랜드

自序

눈물 뚝뚝 밴
달, 그 음각의 자리에서
남은 기억 다 소멸할 순간으로
달은 흘러갈지니

머지않아 아랫배
달꽃은 피리라

—「달꽃 피다 · 2」에서

차례

1부 하늘나리

2부 사랑 춤, 그 멈출 수 없는

3부 금오도 가는 길

4부 투명연못

1부

하늘나리

사라지는 것들

타고 날고 싶어 낚아챈 구름에서
여우의 살 냄새가 났다

칼날 같은 침엽수의 침묵도
자작나무 벌거벗은 가슴에서도
눈 속에 묻힌 라라의 연정이
꽃으로 만져졌다

광활한 평원 지나온 구름을 보면
안다, 즈려밟고도 손닿지 못하는
모스크바 이곳에서는
찰나라는 것을

새파랗게 얼은 눈길을
눈물로 닿아서 녹이려 했던
말 못하는 너와 나의 연가는 허밍이다

독수리의 부리에 물려 찢기는 살점
나르는 것은, 나르는 것으로 이어지고
하늘 끝에 이른 바람의 숨결은 거칠다

>

제풀에 사라지는 것들
사라지지 않을 것처럼 버티는 것들
두 간극을 지나온 탓에

여우, 그 그리움은 목이 마르다

물박달나무 껍질을 읽다

뒤엉킨 비탈에 가장 먼저 눈이 내린다

발라먹던 고등어의 살점 같은
몸속 어딘가에 가시를 숨긴 것 같은
물박달나무 몸피 비워낼 때 파열음

새 떼의 깃털 아래서 눈은 은빛이다

애당초 너와 난 너트와 볼트로 꽉 조인 몸
온전히 소리를 질러대기 위해
물박달나무의 허연 내장을 가른다

너에게 이르는 길 한가운데
내가 한 번에 알아보지 못한 것은
겹겹의 시간을 붙여놓은 포스트잇 때문이다

못 견디게 너덜거리는 껍데기가
등 가려운 산짐승의 모공을 긁어주자
흩어지며 떠도는 눈꽃은 황홀한 건반

>
떨어지는 날갯짓을 퉁겨 올린다

오래도록 구름을 빨아들인 긴 물관은
한 동이 물을 마신 뒤에도
목이 마르다고 온몸을 떤다

젖어도 자작거리며
자작자작 살 타는 소리를 삼키며
눈은 내려서 터진 살갗에 닿는다

둥근 봄날 1

마을에 비도 오지 않았는데

암퇘지 또 배부른 집은
살구나무 우산
공소 종소리 구르는 집엔
벚나무 우산
뒤주 바닥 긁히는 집엔
자두꽃 우산
혼기 놓친 여자 저물어가는 집엔
복사꽃 우산
줄줄이 아기 울음인 집엔
앵두꽃 우산

집집마다 우산이 가득하다

둥근 봄날 2

집집에 걸린 빨간 편지함
오라는 편지는 들지 않고
떨어진 꽃이 들어
수런거리다 간다

베르테르의 시도 구겨진다
말없는 산비둘기 울음은
그만큼 깊어졌다는 것이다

둥근 봄날 3

단추도 지퍼도 없이
겨울 살을 싸맨 옷을
누가 밀어 올려
손으로 젖가슴 더듬는가
새색시 봉긋봉긋 젖망울
바람 스민 천정은
팽팽해지고

하늘나리

그대가 나를 하늘나리라 불러주었기에
그대의 하루가 궁금해졌다

외씨버선 한 짝 들고 걷다가 굽은 길 돌아 바람을 소쿠리로 거른다. 해와 달 품은 일월산 초록 앞에서 잉크빛 블루에 젖어 하롱거리는 오롯이 사모의 정을 만난다. 먼저 떠난 그대가 계곡에 풀어 놓았는지, 산수국잎 그늘조차도 짙다. 하늘만 목 떨어지도록 바라보다가 마디마디 맺히도록 감추어 둔 속정 나비는 붉디붉은 선홍으로 피어난다. 십리 길을 빙빙 걷고 걸어 허름해진 내 발자국 앞에서 퍼질러진 한 짝의 외씨버선 누가 나머지 나의 버선 한 짝을 마저 찾아 줄까. 하늘만 바라보는 것이 숙명이라면 사무치도록 시린 블루의 물에 뚝 부러져 떨어지는 천형이라도 붉음을 벗고 나 시린 옷 갈아입겠다

나 그대 향한 하늘나리이니까

달꽃 피다 1

만삭 여인의 배는
야위어가는
푸른 바다에 떠 있는
섬이다

잉태한 조각을
토하듯
붉은 토사물은 음각으로 새겨지고
맞대어 이어지는 환한 얼굴은
여인의 주름살 틈새로
꽃이었던 시간의 기억을
당겨낸다

나도 한때
섬에서는
달이었다

달꽃 피다 2

검은 방방내해 위에서
얼굴을 파묻던 달을 본다

검은 머리카락 휘날리다
이름 없는 행성을 향해
누가 바이올렛꽃
전설을 쓰는가

개기월식은 막 시작되고
망각의 강을 건너
근심을 다 토했는지조차
나 잊어버렸다 해도

눈물 뚝뚝 밴
달 그 음각의 자리에서
남은 기억 다 소멸할 순간으로
달은 흘러갈지니

머잖아 아랫배
달꽃은 피리라

강물의 속도 1

낯선 길을 오래 걸어온 사람에게서
강물소리가 들린다

피사탑처럼 기울어진 신발 벗어두고
다리를 종이 접듯 구부려 당겨
갈증의 목 술잔에 밀어 넣는다

이름조차 알지 못하는 고독한 들꽃
서로 불러 주기를 기다릴 때마다
여울에 발목까지 적시고서야
격렬한 속도로 흐르던 강물소리

취중에 들여놓은 버들치 퍼덕거리는 나를
당신이 움켜쥐려 할 때
달아나는 강물의 후미는 은빛이다

강물의 속도 2

고비사막도 안나푸르나도 킬리만자로도
접시에 앉히면 안주가 되는 시간이다

잔이 점점 바닥을 드러낼 때
어느새 우리 곁에 흐르던 강물은
범람의 슬픈 역사를
풍요로 바꾸어 놓는다

벗어 놓은 신발 둥둥 떠내려가는 줄도 모른 채
불 꺼진 냉방에서
문짝 틀어진 주점에서
너와 나의 허리는 고난의 골짜기였으므로
지나온 길 다 지워내고
다시 건너야 하는
별빛 이야기를 우리는 나눈다

어느 성긴 눈 내리는 날 저녁
떠돌다 서성이는 눈발에게
강물이 닿을 때
하나의 소리가 다른 소리를 만날 때

마주잡을 둥근 손이 그립다

그해 사라오름

길에서 가사상태가 된 적 있다. 휘몰아치는 눈발을 뚫다가 발뒤꿈치 가르는 칼바람이 숲속 오소리 발자국도 지웠다

어둠 몰아 눈송이들의 치열함에 닿을 때, 희다 못해 푸르스름한 산마루에선 움직이는 것이라고는 먼 대피소 불빛, 익은 밀감처럼 빛나고 있었다

점점 지쳐가는 우리를 보고, 번갈아 대피소 불빛을 보는 잡목 속 곤줄박이의 까만 눈은 졸음의 무게만큼은 견디라 했다

구상나무 허연 젖가슴에선 봄날 돋아오를 초록 잎은 허기의 자리를 먼저 더듬는다. 상념 따윈 아킬레스건으로 받쳐 든다. 이때 굵어진 눈발은 곱고 둥근 발등에서 필라멘트 끊긴 정신의 전구들 어떻게든 켜두어야 했다. 얼어붙은 오름의 등을 나는 업어서 올랐다

있는 힘껏, 잡목을 거머쥔 손에서 피가 났다. 피는 아래로 번지며 먼 바다의 자락을 목까지 당겨 올리고 있었다

능소화

담장에 아슬아슬 매달린 연한 주홍의 화장술

그려 넣는 첫 봉오리는 활짝이라는 순간을 만나
뭇 사내들 눈길을 잡아매려 한다

열릴 때마다 다 써버린 힘
웃는지 우는지
능소화 꽃잎은 갓 해산한 여자의 거기다

아찔하다
한 몸이 다른 한 몸을 토해놓고 핏덩이 내려다보던 얼굴에
잔잔히 스치는 미소가
활짝 슬픔을 알아버렸으니

아문 배꼽자리가 다시 근지럽다

계룡설산

잠들기 전 용龍은 당나귀 워낭소리를 알람으로 켜두었던가 봐! 길 잃은 자를 위해 걸어 둔 이정표는 없었다

어디라도 길이라는 뜻이지, 이정표가 태어나자마자 죽은 워낭소리에게 무슨 의미가 있을까마는 나는 불가침 지역처럼 느껴지는 칼날 능선을 오르고 있었지

새벽안개는 깊었고 나는 잠든 용의 목덜미를 밟고 내 마음속 좌표를 찍었지. 섬처럼 우뚝우뚝 늘어선 설산 관음봉 등골 간격에 끼어 구름 한 장 엽서로 날리고 왔지

눈은 눈빛으로, 손은 손짓으로…… 잠든 당신이 그곳에 있다는 것이 내겐 얼마나 큰 위안이던가! 보이는 그대로 보이지 않는 것은 보이지 않는 대로 계룡설산 승천하지 않는다면 천년 잠 깨울 워낭소리로 나 또다시 당신에게 걸어가리라

벚나무 설법

관능을 잃은 여자에게
화장 어떻게 해야 하는지를
오래된 벚나무가
분홍 엽서로 알려 준다

주름진 목까지도
들키고 싶지 않아 덧칠하는 분가루

혼자 걸어가는 밤길에
서 있던 벚나무는
불현듯 다가오는 옛사랑인 양
켠다, 부르르 떨리는 눈썹등불

그때 꽃잎에게
거울이 되어 주는 물 괸 땅은
불빛을 받아 일렁인다

살아온 날의
분홍 파노라마다

꽃의 기억

달빛 비친 호수 물결이
기둥 위 지붕으로 얹힌다

마음이 둥글도록 멜로디로 엮은 둥근 집
마로니에 나무는 허밍으로 구름 흔들어
별빛이 틈을 벌린다

초롱거리는 눈빛
먼 우주에서 온 두 별
잎 진 뒤에 더 선명하리라

살갗 터져도 스스로 발 옮겨놓지 못하면

초록으로 쓰던 편지가
어느새 붉음의 무게다

뚝뚝 떨어진다 해도
나는 마로니에 네게서
봄날 한동안 출렁거리던
꽃 떨기만
기억하겠다

접시꽃 소나타

한숨도
버거움도
얹어 둔 접시다

이때 튀어나온 달에게
나뭇가지는 손가락
베토벤의 피아노소나타는
바람 없는 공중에서도
연주를 한다

울음이던 먹구름은
흰 이빨 구름에게
조금씩 뜯어 먹히고

다시 채워지는
잔잔한 강물소리
한 접시

깨어질 땐
쨍
물 파편이 튄다

2부

사랑 춤, 그 멈출 수 없는

고래를 찾다 1

죽어서도 주목, 꿈을 꾸듯
서 있으라고
지리산의 등을
철쭉이 문지른다

죽어서도 잊히지 않는 어떤 연정이
비탈을 견디는 걸까
봄부터 겨울까지 그 자리에 선 채
주목은 날 세운 창으로
달을 찌른다

달 아래 부어오른 구름에게도
발바닥은 있다

아무리 커다란 구름이라도
주목이란 창에 한 번 찔리면
살아 천 년을 살아
하품 찢기는
커다란 고래가 된다

고래를 찾다 2

세월에 살점 다 발리고 나면
등뼈만 남겠지

내 그대를 그리워하며
숭숭 뚫어놓은 허벅지 구멍에서
오늘도 길고 긴
불면의 파도 소리 듣는다

산도 바다도 하나였던
너의 세월에는
내 발길 부여잡을
모서리가 없었던 걸 알아
지리산 구름도 나도
버둥거릴수록 단단히 꿰어지는
미늘에 걸렸다 해야 하나!

고래를 찾다 3

따뜻한 구름 하나가
주목의 몸을 타고 흘러
까마득한 지층 속
용의 알에 드는 시간

화석 깊숙이
가부좌로 앉아 있던 고래는
벌떡 일어나
지리산 노을 능선을
절룩이며 넘고 있다

가고 싶다, 길을 만나면

몸의 구멍은 길이다

줄지어 선 자작나무는 보헤미안의 음표다

신기루에 잠기다가 빛의 뒤꿈치를 돌아
알프스 오르다가 치마폭을 흔들다가
세상에서 가장 쓸쓸함을 만나
마음조차 가벼워지고 싶다

흐르는 강물소리에도, 겨울 가로수에게도
발걸음을 보여주는 길

길은 누군가에게 연주되길 기다리는
악기 같아서
내 안에 집시를 가둔 나는
가고 싶다, 길을 만나서
길이 되기 위해

사랑 춤, 그 멈출 수 없는

1

새의 동작이 필요해

채워진 문을 열겠다고
손잡이 무시하고 몸으로 민다

리듬 따르던 몸짓이 리듬을 버리고서야
춤은 끝난다고 했던가

생도 이제 충분히 뜨거워졌다

2

불길로 두드린 문이 뜨거워졌으니
활짝 열어젖힌 문안도 뜨거워졌다

재빨리 깃털을 버린다

중력도 버리고 가볍게 옮기는 발
내려놓는 보폭이 교차되는 지점에서
번갯불은 순간을 즐긴다

>

3

혼자 남겨져도 고개는
숙이지도 들지도 말아야 한다

흐르는 목과 어깨는
백사장을 지난 물길인 듯
율동을 따라 했다

여울로 흐르다가 낭떠러지 앞에서
잠시 만났던 절망이
춤이 아니던가

고압선을 밟은 듯
당신은 열병처럼 왔다가

훌쩍 달아날 것이다

날아오르는 춤 1

나무와 멀어지려고 나무에서 뛰어내리는
꽃이 있다

머리에 빨간 꽃을 꽂고
라달비아 강물 위로 카르멘은
정열의 꽃물로 흘러
고도의 달에 든다

가닥가닥 가슴에 거미줄 되는
세비야의 기타 소리에 천 년이 튕겨지고
남은 천 년은 또 거미를 가둔다

날아오르는 춤 2

성당 모서리가 왕국 아닌 왕국임을
흔들리다 알아 버린 종소리가 있다

팽팽한 기타 줄에 걸려
기다린다, 왕관 쓴 나비

오렌지나무에 오른 카르멘은
오렌지꽃을 흔들기 위한
춤을 춘다, 플라멩코였다

독살*

은빛 비늘 반짝이는 인어
거품 보글거리는 내 품에 가둔다

파란 하늘 머리에 이고서
독살 그 돌무더기에
아슬아슬하게 갇혀 버리고 싶다고
너는 말했지

밀려올 땐 겁 없이 쏜살같던 춤사위
나갈 때는 출구를 잃는
꼼짝없이 너는 은빛 비린내

내 품에 발라 놓았지

찰방찰방 잔물결 겹겹치마
깊은 속살 몽산포 원청리
그곳에서
나, 천 년쯤
너를 가두고 싶어졌지

>

깊이를 도무지 알 수 없는
수심으로
폭풍과 함께 밀려온
너의 마음
나갈 길을
영원히 잃도록

* 밀물과 썰물을 이용해 고기를 잡으려 쌓은 돌무더기

가을비 보폭 1

튼 살 감나무가 홍시 하나 물고
가을비 맞고 있다

홀연히 저승으로 떠난 작은 삼촌
난데없이 돌아와
어깨 감싸는 줄 알았다

가을비 보폭 2

비는 줄무늬빗금으로 내려와서
어제보다 좀 더 파인
이마의 주름살 속에서
먼지 낀 창을 밀고 있다

까르르 까치는
윗입술 자근자근 깨물 뿐인
오학년쯤 된 나 닮은 계집아이를
내려다본다

가을비 보폭 3

떨어지지 않는 홍시를
어떤 원망도 없이
올려다본다

먼저 떨어진 빨간 잎은
수십 년 묵혀둔 간장독 속에 들어
피운다

바글바글 슬픔꽃

두타산으로 퀵을 몰다

젖가슴이 풍만한 소나무는 허공을 가로지른다
오토바이를 몰아
새가 사는 숲 이야길 배달한다

딱딱한 껍질 위 초롱 지붕
아주 작은 발가락으로 잠든 벌레 한 마리
그의 수면 깊이를 짐작해보려 해도
나이테만 보여줄 뿐
자신의 나비를 고치 안에 가두었다

몸이 휘어져 있으니, 그림자도 굽었겠지
안으로 표정을 감춘 벌레의 나라
붕붕거리며 두타산 수상한 공기를 배달한다

백송을 흔든 바람이 허공을 닦아 준다

백미러 달고 배달 가는 내 오토바이 뒤 켠
슬그머니 웃는 표정 불상이 앉아 있다

칠석의 퍼즐

나 직녀인 것을 당신은
어떻게 그리 빨리 알아버렸을까

질긴 인연 밧줄에 꽁꽁 묶여
누구도 끊을 수 없는 다리 위에서
우리는 너무 오래 기다려왔다

두 손 두 발 다 놓아버리고
영혼마저 넋을 잃고
푸른 하늘 은하수로 다가선 마음의 거리
세월의 강을 건너온 그대 앞에
난 반갑게 흔들리는 별빛이고 싶었다

초원 독수리 날개를 소가 쳐다보고
씨실 날실 엉겨 붙은 직조의 비단 위에서
바늘귀를 부여잡은 나
길 잃은 소를 몰고 있었지

그대라는 퍼즐 한 조각은
나로 하여금 상념의 미로를 더듬게 했다

>

언제쯤 나는
당신이 견우인 걸 알까

빨간 사과는 열쇠 가게다

가끔 새들이 찾아오는 사과의 배꼽에는
녹슨 문 걸려 있다
그 문 열리지 않는 허공처럼 단단해서
혀는 끈질기게 간질여야 한다

그런 사과의 동굴 입구를 누가
바윗돌로 막았다
초록을 넘어서 하나의 사과가 붉음에 이르렀다는 것은
동굴의 입구 열릴 날 가까워졌다는 것

구멍이 구멍을 막아서 탯줄 잘린 자리마다
쌓아올린 돌무덤

부딪치다가 페인트칠이 벗겨져도 좋을 문
시들시들 새가 다녀가도 좋을 문
가을볕에 빨간 자전거를 끌고 와도 좋을
그건 당신의 문

그러니깐 그런 배꼽을 주렁주렁 매단 나무는
덩치 큰 사과나무일 것이고

흔들리는 자물쇠에 아귀를 맞춰보겠다고
찾아드는 새들은 끊임없이 열쇠를 흔들지

뿌리의 갈증이 깊어질 때
신물을 버리고 단물로
철커덕 열려라, 문

지심도 연가

문밖으로 꺼내 놓은 나무는
꽃이 아니다
그리움도 아니다
사랑을 두고 떠나온
한 사람의 그리움은 더더욱 아니다

하늘로 가지를 키우지 못해
겨우내 땅속에 박혀 있던 뿌리가
잠든 지렁이의 살갗을 실수로 스쳤던 거다

간혹 돌멩이에 이마를 부딪쳐
번쩍 켜지던 불꽃을
그래서 나무는 몸 밖으로 토해낸 거다

가지에 걸린 바다는
한 발 먼저 봄 만나러 온 사람에게
유황 냄새나는 동백을 보여 준다
그러니 간절한 속내를 드러낸 거다

켜둔 촛불이

약사여래불 붉은 마음을
둥둥 떠오르는 바위에게 던진다

짐 싼 보퉁이마저
던지고 달아난 울타리 밖
풍문에 귀 기울이는 나무는
아무도 몰래
바르르 떨고 있다

그늘의 이동 경로

그늘이 그늘을 밀어내지 않으니
여기가 원미산이다

몇 보따리 꽃향기 풀어놓은 날
나무를 만나러 갔으나
햇살로 아랫배 채운 나무 아래서
목에 이름표 걸지 못한 난
조율이 필요했다

그늘이 보이면 그늘에 들어
꾸벅거리며 조는 손님이라도 되어야 할 텐데
내 이름 불러주던 나무는 도리어
내 그늘을 지그시 밟는다

밤이면 오갈 데 없는 우주 먼 별들이 있어
따뜻해진 층층나무, 은사시나무, 꽝꽝나무,
내 그림자 속으로 들어와 순순히 부풀리는 물관

나 지구라는 별에 사는 동안
누구에겐가 집이 되어준다는 건

꽃잎 떨구는 보리수에게도
안쓰럽게 나무 이름 팻말을 걸어준다는 것

나무는 그늘을 데리고
내 몸으로 들어와
더욱 층층이 빛나는 별이 되고

3부

금오도 가는 길

세월우체국

나비가 침몰한 뒤에도 바다는 아득해져
부치지 못한 우표였다
그대와 나의 허공에 풀칠로 스쳐간 달은
봄을 연주하는 날갯짓에도
소인은 찍어두지 않았다

간간 꽃잎들만 발등으로 떨어졌다

창이 밝은 세월우체국에 가면
팽목 급한 조류 속 우체국은 창문을 열겠지
방금 우표라도 붙일 것처럼
오전 내내 서성이는 내가 거기 있다

물결의 바다가 우주로 날아가서
별의 소인을 찍고 돌아올 당신 기다리는
세월우체국 반송된 마음의 계절이
한 고비를 어지럽게 넘고 있다

둥싯 1

닭의 배를 가른 듯 태백이 능선 위
둥싯, 새해 첫날 첫해 떠오른다

웅크리고 앉아 라면을 끓이는 기진맥진
한 꺼풀 비닐 막 둥지 속
엄마의 품인 듯
오롯이 모여드는 언 눈동자들

둥싯 2

칼바람이 볼때기를 한껏 때려도
라면이 익으며 풍기는 속살냄새 속으로
둥싯, 떠오르고 싶은 젓가락들

둥근 돌담 안으로 코를 킁킁거린다

둥싯 3

내려갈 길만 남겨둔 우리는 이제
눈 쌓인 천제단 앞에
풍등같이 선다

한 줌 하늘이 던져준 모이 앞에서
또다시 분주할 세상을 굽어보며
닭의 혀처럼 붉은 웃음을
둥싯 뜨는 해 속에
담아 날린다

핀다, 검정꽃

검정꽃은 전속력으로 핀다

바르셀로나로 가는 길 금빛 번쩍이는 광선도
어둠 내리는 시간이면 화들짝 피더라

노랑나비도 달려들고
빨강나비도 달려들고
하나가 가면 또 하나가 끊임없이
꽃잎으로 후벼 파는 어둠

여린 꽃의 검은 몸통 속에
지나친 강렬함이 상처로 남았다

그 상처 아무느라 근지럽다가
손톱에 긁혀
딱지 떨어진 자리
그제서야 꽃 핀다

온통 검정꽃
빠른 속도의 그늘이 핀다

속도에 울다

발바닥에 옹이가 깊은 자들은 속도를 가졌다

표범이 그렇다
스케이터가 그렇다
심장을 향하는 총소리가 그렇다

단 한 번의 목적을 위해
낮은 자세로 웅크린다는 것은
속도를 가진 자들에게는
이미 계산되었던 것

겨울 산이 감춘 어떤 차가움에도
잎을 감춘 나무가 그렇듯

산을 타는 내 발바닥은 지금
가려운 동상을 앓는 중이다

기억의 무게 1

산 너머 산
물 건너 물

비틀거리다가
비틀거림을 배낭에 매고
나는 간다

기억은 무게가 될 수 없어서
한 걸음씩 옮겨지는 꿈

적요인 산
그림자에 든다

기억의 무게 2

둘러가야 하는
산길에서
가두어진 물을 만나면
알게 된다

가까이 있는 줄로만 알았던 사랑
멀어서 아쉬운 것을

벼랑을 향해 흐르는 물길도
그렇게 구불거려
안심하고 띄울 수 없는
한 척 배

춘래도春來圖

산자락 나무들은
부름켜를 열기 위해
순순히 물관을 부풀리네

기억의 뿌리에서
잊었던 사람이 올라와
움을 틔우려는 갑네

쓸쓸히 떨어지던 몇 개의 첫인상들도
꽃피는 나무에서 뛰어내리면
관음폭포를 닮아가겠네

이 봄날이 구속인 걸 아는 꽃은
몇몇 사람들의 심연을 흔들어 놓았으나
떠나는 것조차 서럽지 않은 갑네

예사로운 조짐이 내건
초록 비늘에 걸려
내 간지럼은 복제되네

>

한 폭을 산수로는
봄을 다 그릴 수 없음이
안타까울 뿐이네

원두막 1

납작 엎드린 자세인
작은 집 한 채
밭고랑 이랑을 굽어본다

길 따라서 길 끝에 있는 집

내가 허름한 옷차림으로 무슨 말을 해도
다 받아줄 것 같은
그런 집

원두막 2

무엇을 자랑하는지
빳빳하기만 한 호텔이
등 뒤에 솟구쳐올라도
한 모서리 허물어지면
다른 모서리 내어줄 수 있다는
원두막

개발바람이 불어와도
둥근 술잔으로 둘러앉을
벗을 기다리며
밭이 키운 수박처럼
우두커니 앉아 있다

금오도 가는 길

가득 핀 동백꽃이
내 생의 뒤안길을 지운다

바람을 참아낸 지 오랜 뒤에야
발밑을 내어준 꽃잎들

뜨거운 재촉에도
섬은 끄떡없이 빙그레 웃는다

얼마만큼이나 그대 눈에
시린 기름으로 타올라야
그대 손 안에 담길까

길어 올린 웃음이 마중물이어서
참 환한 당신

풍차 1

흰 말갈기가 꽃으로 피었다

참 시린 하늘이다

풍차 2

가도 가도 끝 보이지 않는 벌판
가뭇하기만 한 그대 향해
나는 말처럼 달린다

씨에다네바다 산맥의 설원

소금 뿌려 그은 금

풍차 3

결코 멈출 수 없는 열망

자꾸 구겨 넣은 내 몸

흰 말의 갈기 흩날리던 바람이

풍차인 나를 돌린다

자목련

화엄사 뜰에는
떠나며 남겨 둔 입술자국
꽃등으로 걸렸다

붉은 옷자락 안쪽에서
흰 치아 드러내던 그대 미소
저 혼자 깊이 감추려 했었는데
읽던 경전 흐릿해서
먼저 진 꽃잎 쓸어 모은다는
흰 고무신 스님 한 분

미련을 빗금으로 쓴다

매달려 허둥거리는 사이
자꾸 지워지는 입술자국
그녀와의 이별방식에는
어색함도 거북함도
낯설음도 없다

남겨둔 그리움에서 바람이 어깨를 짚듯

쓸어낸 땅을 다시 다지는
툭툭 지는 꽃의 비명

담 너머 세상까지 들렸다

4부

투명연못

모소라는 이름의 대나무

자라지 않는 대나무숲을
머리 깎듯 싹둑 잘라 버릴까도
고민한 적 있습니다

바람 같은 울음 토해내기를
기다리며 심어 둔 대나무들
네 해를 기다리고 나니 기진맥진
그런데 이게 웬일입니까

다섯 해가 지나자 푸른 맥박
거대한 뿌리를 뻗으며 무려
16cm나 자라는 것이 아니겠습니까

그대 지층의 단면에 뿌리를 내리는 데
다섯 해나 걸렸다는 거지요

불과 3cm 안에 감추어 두었던
날개의 비상이
오늘
나를 향한 당신 사랑이길 바랍니다

어로*

울진 왕피천에서
거슬러 올라야만 사는 것을 본다

돌무더기에 막히고 막혀도
거슬러 오르려는 필사의 몸부림

네가 나에게로 오는 길목도
그러했으리라 나는 믿는다

활짝 열어 둔 물길이 어디 있겠는가
망설임과 주저함이
쉬이 나에게 오는 길을 가로막더라도
너는 기어이 내게 오고야 말 것이다

왕피천 거슬러 오른 연어의 아우성에서
그대 발자국 소리 듣는다

* 물고기가 지나갈 수 있도록 터놓은 물길.

은밀한 당신

한 그루 커다란 고로쇠나무는
눈 내린 비탈과 은밀한 내통이다

봄의 초록 치탓자락 토해 낼 그날까지
내밀한 망설임이다

가을의 약속 꼭 지키겠다고
뚫린 몸 구멍에서 쏟아내는 당신의 온기

얼어 허기져도 달아오른 자궁의 문
자음 모음 유전자 풀어
두 볼까지 붉도록
똑똑 고드름 녹듯
화장하는 소리 들린다

역행이 주는 희열일지라도
지상의 모든 파열음들을
나 이제 몸 안에 가둬야 한다

어느 날 순응의 몸짓
그대에게 보여 주려
잔뜩 부풀리는 물관

초원의 길

어디라도 길이 되는
그런 곳이 있다

넓디넓어 막막한 초원
이정표도 없는
말발굽 닿는 그곳이 길이다

하늘과 땅은 맞닿아 하나로 이루어지고
징기즈 칸의 후예 그들은 용케도
갈 곳을 알고 달린다

유목민의 발끝에서는 아득한 땅끝이
길이 된다는 걸 안다

밤하늘은 별꽃비빔밥
산그늘을 실어 올 늦여름은
마두금馬頭琴 애달픈 곡조를 위해
현 속으로 별똥별을 던진다

한 사람을 그리워하는 곡진함이
초원의 길로 이어지고 있다

신 어부사시사新漁父四時詞

수양버들 낚싯대로 봄, 건지고 보니
붕어의 얼굴빛이다

바닥을 얼마나 헤엄친 그리움이면
물 밖에 나와서도 비늘을 흔드는
봄의 얼굴인가

내가 너를 향해 속절없이 던진 진달래꽃을
이제야 붉힌 얼굴로
나를 마주보는 물고기 한 마리

물을 버리고 내게로 온 너를
손바닥으로 쓰다듬다가
수양버들 물그림자 속으로
퍼덕이는 너를 놓아 준다

떠나는 너를 잘 가라는 말도 없이
슬그머니 놓아 준 나를
한참동안 곰곰이 생각이라도 하는 건지
한 번에 떠나지 못하고
멈칫거리고 있다

칸나, 알프스 가다

반쯤 열린 대문 안 칸나가 붉다
골목 안 어디선가 아기 울음소리가 들린다

너와 내가 데미안의 알을 깨고
햇빛 삼키는 노을을 수확해
어두운 격자문 너머
우리는 알프스산을 만드는 거야

내 안의 가시나무는 바람이 키우게 두는 것
목 쉰 듯 해금의 긴 음 하나
한숨 쉬듯 목이 메어도
그대에게 닿는 길
가도 가도 나오지 않을 것을 알면서도
배고픈 꽃을 두고 나는 알프스로 간다

기억의 버튼 눌러 찍어내는
이 길을 다 지워버린다 해도
산과 산 사이를 눈길이 이으면
길 떠난 그대에게 묻는다

알프스의 크레바스는 잘 있는가를

화왕의 비탈

초록이 빠져나간 머리털을 데리고
화왕의 비탈에 선다

가늘어진 종아리로
도시를 걸던 내가
숨 자락 사이로 벗어던진 구름의 허물을 본다

겨울옷 갈아입은 억새 훔쳐보려고
수많은 발은 좁은 길 비벼대고
자줏빛 울음을 흔들기도 했었나

불빛이 스쳐갔어도
살아남은 억새는 억세서 억새인가
저렇게 수시로 몸 흔드는 것도
뿌리를 키우기 위한 몸짓인가

야윈 몸에 매달던
새집 속의 새는 날려 보내고
혼자 늙은 홀어머니
잠 못 들어 뒤척이는 소리

능선마다 가득하다

도시 가로등 아래 서성이느라
달려가 등 한 번 더 긁어드리지 못한
후회의 한숨 소리가
사그락사그락
슬픔의 밑동을 흔들고 있다

피리 부는 여자

속을 비운 것들은
애달픈 물소리 가졌다

제 살 모두 밀어내고
생겨난 구멍 안쪽
누군가의 숨결이 두드릴 때
품 다 떠나서 아무것도
남아 있지 않는 허공을 소리로 운다

멈칫멈칫 지문을 옮겨 놓은 늙은 엄마의 품
고목의 옹이가 만져진다

엄마를 다 이해하지도 못했는데
어느새 엄마가 되어 버린 나는
소리의 외줄기 끝에
이마를 찧는다

채워 넣는 사랑의 숨결이 모자라
맨발로 강물 위를 건넌다

비가 데려온 봄

용문사 홍매가
봄비를 피우고 말았네요

꽃이 나무를 피우는 가지 아래서
보았어요, 당신

발길 닿기 전

난분분
붉다 지친 꽃잎
바위에 동여 묶던 내 마음 곁에서
던져지고 있네요

우포늪

나는 왜 늪의 수면을 꿈꾸나
물빛이나 칠하지
붕어는 뭐 하러 따로 그리랴
붓 그대로 던져 놓고
지느러미나 흔들고 다닐 것을

누구의 발목을 잡아본 적 없지만
새를 그리고 싶은 이유가 궁금하다

나는 이미 늪이었으므로
부레옥잠이나 가시연꽃을 키우며
단지 따오기를 그리워할 뿐이지

구절초 피다

너는 숨어 있어도 환하게 보인다

산모퉁이 풀섶 마디마디 핀 작은 꽃

눌린 돌멩이에도, 서릿발에도 끄떡없이 허리 일으켜 세운다

꼭꼭 숨어 있어도 불 밝히는 너의 아홉 번째 마디는

눈 감은 술래에겐 다 보인다

섬

등 차가운 돌 하나
바닷가에서 주웠다

달 비치는 창틀에
밤새도록 놓았더니
철썩인다

조막만 한 마음이
돌멩이를 흔들어서
달의 뒤꿈치 물컹하다

주워온 돌이
되레 나를 주워들고
섬이라 한다

투명연못

술잔 테두리 같은 산정호수
붉은 입술처럼 흘러든 단풍잎을
물 밖 가장자리로 밀어낸다

취기를 건네 오는 둥근 테두리에서
단풍인 줄 알았던 내가
노을이 어둠에 닿아 있어
비틀거리는 풀이 되었다

찰랑거리는 물소리를 돌려세우기 위해
발자국을 옮길 때마다
사랑한다는 그립다는 말의 수면에
머지않아 두꺼운 얼음이
내려앉을 것을 생각하니

부둥켜안으려던 적막은
눈발보다 먼저 떠난
풀벌레 안부가 궁금하다

억새로 쓴 편지

찻사발 엎어 놓은 것 같은
흔들리는 민둥산은
눈발이 내리기 전 억새에겐
유예된 자리다

좀 더 스스로 가두어 보라고
입 다문 영혼이 되라고
억새에게 끓은 찻물을 따르다 보면
밤마다 부푸는 심장소리를
나 민둥산에서 듣게 되지

단단한 억새 줄기 속에 당신을 심어놓고
바람 부는 문 밖을 서성거리는 것이
한때 내 사랑이었던 것

버석거리며 써 내려간 수많은 상형문자
그렇게 꿈틀거리는 소리로
찻사발의 안쪽은 잔금이 생겨나도
억새는 다시 올 봄을 기약하며
스스로 관절을 꺾고 있다

>

몸 가누기 힘들만치 숨소리조차 흐려
민둥산 억새인 그대에게
별빛 잉크로
나 오늘도 하염없이 편지를 쓰나니
땅속으로 한 번 더 깊어지는
너의 흰 부리

물을 깁다

까불어진 몸 일으켜 세우자
다시 주저앉혀 버린다
관절이 무너져 내리고
발꿈치 들어 올리는 몸부림에도
물은 아래를 지향한다

극한의 시절에 물을 일으켜 세우고 보니
얼음기둥이다
한때 수직상승을 열망했더라도
갈매기처럼 긴 부리로
퍼덕이는 물고기의 눈을 바라보았더라도
거품 뒤에 사라지는 것은 물의 순리

한 마리 뱀처럼 강이 기어가는 것을 보겠다고
떠벅터벅 걸어가다 닿을 바다
예고도 없이 던져진 북두칠성의 너울거림이
뱃전의 내 이마를 친다

위에서 아래로

더 닿을 수 없을 때
바다가 된 나는 먼 뱃고동처럼 뒤척이는
파도를 한 겹 한 겹
잇대고 깁는다

문 로드

뜬 달
쭈욱 당겨내면
밤바다에
문 로드가 생겨나요

그러니까 달은 엄마가 뜨개질하던 실꾸리
심심한 고양이 발은
공처럼 둥근 실뭉치를
캄캄한 곳에 감추려 들죠

엄마처럼 나도
실을 풀어 바다를 짜볼까요

불가사의라도 믿었던 사람들
찾아와 나더러
달빛에 들자 하네요

내 발은 이미
젖은 장화를 신었죠

그리움

쏜살같이 달아난
슬픔을
한 입 베어 물었더니
너 떠난 뒤에도
보름달
잇자국 남았네

해설

현실 너머의 환상과 꿈

이태수

해설

현실 너머의 환상과 꿈

이태수 | 시인

i) 김루비는 자유분방한 발상과 연상聯想을 통해 현란한 환상幻想과 참신한 비구상적 언어공간을 빚는다. 추상회화抽象繪畵나 전위적인 음악을 듣고 보는 것 같은 느낌을 안겨 주는 그의 시는 난해하면서도 끌어당기는 매력을 뿜어낸다. 발랄하고 관능적官能的인 언어감각, 민감하고 예각적인 감성, 상식을 뛰어넘는 비약과 전도顚倒 등이 시적 묘미를 증폭시켜 주기 때문이다.

그의 환상과 상상세계에는 먼 거리의 원관념을 보조관념으로 유추해야 하는 은유隱喩나 이미지가 관념을 암시적으로만 환기하는 상징象徵 기법이 구사되는 데다 초현실주의 기법들이 빈번하게 끼어든다. 특히 한 사물의 명명이 다른 사물에 전용되는 명명으로 전이轉移되거나 전도되는 의미의 변질작용으로 의미망에 다의성多義性이 부여되기도 한다.

그의 시에는 그리움의 정서情緖를 축으로 상실감과 비

애, 더 나은 삶과 사랑을 향한 갈망이 두드러지지만 서정적 자아自我가 마치 고삐 풀린 망아지처럼 시공時空을 뛰어넘고 현실 너머 미지未知의 세계로 나아가는 경우도 적지 않아 보인다. 이 때문에 상상력의 번짐과 퍼져나감이 입체적이며, 낯선 풍경들이 연출되게 마련이다.

회화, 음악, 무용 등 인접예술의 이미지들이 구사되고 차용되며 활유법活喩法이 수시로 활용돼 개성이 강화된다. 그런가 하면 시의 화자가 집시, 직녀織女, 여우, 말〔馬〕, 하늘나리, 홍매, 달, 풍차, 풍등, 길, 늪 등으로 다채롭게 변신하면서 그 이미지를 심상풍경心象風景과 겹쳐 떠올리고, 그런 세계에 다다르려는 꿈꾸기에 부단히 연결고리를 달고 있다.

ii) 둥글음 속에 봄 이미지들을 끌어들인 연작시 「둥근 봄날」은 김루비 특유의 분방한 발상과 상상력을 펼쳐 보인다. 낯익은 풍경마저 낯설게 해 시인의 마음자리를 투영하거나 투사投射하는 등 봄의 모습을 둥글음 속에 불러들어 들여다보는 시각이 범상한 차원을 한참 넘어서 있다.

둥글음은 생명의 잉태孕胎와 생명력의 근원, 생명의 마지막 난계, 완성(이룸) 등 열거하기 어려울 정도의 다양한 의미를 거느린다. 인간을 비롯한 동물들의 모태母胎가 둥글며 곡식이든 알이든 생명을 잉태하는 것들은 하나같이 둥글다.

인간을 비롯한 생명체들은 그 '둥글음'으로 생명을 지탱하게 되고, 마지막 돌아가는 무덤도 둥근 형상이며, 원

불교圓佛教의 상징이 그렇듯이 인간이 궁극적으로 추구하는 마지막 이데아(이룸) 역시 둥글음이라 점을 간과할 수 없다. 시인은 그런 시각으로 봄날을 바라보고 들여다보고 있는 것 같다.

마을에 비도 오지 않았는데

암돼지 또 배부른 집은
살구나무 우산
공소 종소리 구르는 집엔
벚나무 우산
뒤주 바닥 긁히는 집엔
자두꽃 우산
혼기 놓친 여자 저물어가는 집엔
복사꽃 우산
줄줄이 아기 울음인 집엔
앵두꽃 우산

집집마다 우산이 가득하다
—「둥근 봄날 1」 전문

꽃을 피운 나무들이 둥근 형상形象의 우산에 비유되고 있으며, 집집마다 그 우산을 쓰고 있는 것으로 묘사된다. 집집마다 다른 상황에 놓여 있듯이 우산들도 각양각색으로 그려져 시인의 마음자리를 엿보게 하며, 우산들이 상징하는 의미들을 새겨보게 한다.

새끼들을 또 잉태한 암돼지(풍요), 성당 공소의 종소리

(성스러움), 양식이 떨어진 뒤주(궁핍), 노처녀(독신), 아기들의 울음소리(다산多產) 등이 집집의 분위기를 달리하는 바와 같이 우산도 살구나무, 벚나무, 자두꽃, 복사꽃, 앵두꽃 등으로 그 모습을 각기 달리하고 있다. '따로, 그러나 함께'의 모습을 띤 마을공동체의 공통분모는 봄날이며, 그것도 둥글음 속이다. 그러니까 시인은 그 다채로운 모습의 봄 풍성을 모두 둥글음 속에 아우르고 있다.

둥글음 속의 봄날은 생성生成의 한가운데라고 할 수 있으나 그 그늘이 없는 건 아니다. 생성과 소멸消滅은 마치 동전銅錢의 앞뒷면과 별반 다르지 않기 때문이다. 「둥근 봄날 2」에서는 편지함에 편지 대신 떨어진 꽃이 수런거리다 간다(소멸)고 그려지는가 하면, 베르테르의 시도 구겨지며, 완연해진 봄날을 "말없는 산비둘기 울음"에서 읽고 있다. 생성의 이면裏面과 그 뒷면(소멸)을 동시에 바라본 경우라 할 수 있다. 하지만 바로 이어서

단추도 지퍼도 없이
겨울 살을 싸맨 옷을
누가 밀어 올려
손으로 젖가슴 더듬는가
새색시 봉긋봉긋 젖망울
바람 스민 천정은
팽팽해지고

—「둥근 봄날 3」 전문

라고 반전反轉을 꾀하는 건 왜일까. 나목으로 겨우살이 했

던 나무가 새봄을 맞아 생명력을 길어 올리는 모습을 새색시로 의인화擬人化한 이 시는 생명력의 관능적인 묘사가 매력을 증폭시켜 준다. 나무에 잎이 돋아나고 꽃이 피는 모습을 누가 겨울옷을 밀어 올려 젖가슴을 더듬기 때문이라거나 봄기운이 도는 하늘을 팽팽하다고 보는 발상은 참신하다. 봄 하늘이 "새색시 봉긋봉긋한 젖망울 / 바람"이 스며서 팽팽해진다는 대목은 더욱 그런 느낌을 안겨 준다.

이 같은 관능적인 발상과 상상력은 '달꽃'(달무리, 또는 월경)에 이르러 "만삭 여인의 배는 / 야위어가는 / 푸른 바다에 떠 있는 / 섬"이며, "나도 한때 / 섬에서는 / 달이었다"(「달꽃 피다 1」)는 비약과 연상으로 나아가게 한다. 만삭滿朔 여인의 배와 야위어가는 바다의 섬은 이질적異質的인 데다 다시 화자가 그 섬의 달이었다는 표현은 유추의 거리가 먼 원관념과 보조관념을 끌어들인 은유에 다름 아니다.

화자가 달로 변신한 이 시에서 '만삭의 배=바다의 섬'이라는 등식等式과 섬 위에 뜬 달과 그 달무리, 또는 한 달에 한 번 치르는 여인의 월경에 착안해 자연을 통한 인간, 인간을 통한 자연의 생명력을 아릿한 관능적 상상력으로 형상화形象化해 생성의 의미를 들여다보게 한다.

「달꽃 피다 2」에서는 이와는 반대상황을 설정해 소멸과 생성의 순환을 교차해 떠올린다. 개기월식皆旣月蝕을 하는 자연 속의 달과 달이 질 때의 화자 자신을 함께 들여다보고 바라보면서

눈물 뚝뚝 밴
달 그 음각의 자리에서
남은 기억 다 소멸할 순간으로
달은 흘러갈지니

머잖아 아랫배
달꽃은 피리라

—「달꽃 피다 2」 부분

라고, 달이 안 보이는 때를 '음각陰刻의 자리'나 '남은 기억 소멸'로 여기면서 그 음각이나 소멸이 "머잖아 아랫배 / 달꽃은 피리라"라는 생성(생명력)의 예비한다. 달꽃이 질 때 다시 피기를 기다리듯이 시인은 '피는 달꽃'에서 생명력의 절정絶頂을 확인하기 때문인지 모른다.

꽃은 생명의 절정의 순간을 일러 준다고 할 수 있지만, 꽃은 시인에게 관능을 일깨워 준다. "관능을 잃은 여자에게 / 화장 어떻게 해야 하는지를 / 오래된 벚나무가 / 분홍엽서로 알려 준다"(「벚나무 설법」)는 대목이 그렇듯이, 분홍빛 벚꽃은 관능을 되찾게 할 뿐 아니라 한술 더 떠서 "혼자 걸어가는 밤길에 / 서 있던 벚나무는 / 불현듯 다가오는 옛사랑인 양 / 켠다, 부르르 떨리는 눈썹등불"(같은 시)이라는 느낌까지 들게 한다.

꽃이 관능을 부추기기는 여름철에 핀 능소화도 매한가지다. "담장에 아슬아슬 매달린 연한 주홍의 화장술"로 "뭇 사내들 눈길을 삽아매려 한다"며 그 "꽃잎은 갓 해산한 여자의 거기"(「능소화」)이고, 능소화를 보면 "아문 배꼽자리가 다시 근지럽다"(같은 시)고 하는 대목은 한결 더 질척하다. 벚꽃이 분홍빛으로 젊은 시절을 떠올리게 한다면 능소화는 주홍빛으로 중년의 관능을 자극하는 점이 다르다.

iii) 시인의 상상력은 현실과 비현실의 세계를 넘나들면서 꿈(환상)의 세계와 절절한 그리움의 정서情緖를 길어 올린다. 잃어버린 사랑과 그 회복을 위한 열망과 기구는 애틋하고 뜨거우며 결기가 차기도 한다.

「사라지는 것들」에서는 구름을 타고 날고 싶은 심경을 토로하지만 낚아챈 구름에서 여우의 살 냄새가 나는 정황이 연출된다. 또한 모스크바 평원의 침엽수와 자작나무의 침묵과 나목을 목도하면서 눈 속에 묻힌 보리스 파스테르나크의 소설 「닥터 지바고」의 여주인공 라라의 연정戀情을 꽃으로 만지는 환상에 젖는다. 눈 내리는 이국異國에서의 그 찰나의 환상은 자신에게 연인戀人과의 언 눈길에서 눈물로 녹이려 했던 허밍에 불과하다는 사실과

> 제풀에 사라지는 것들
> 사라지지 않을 것처럼 버티는 것들
> 두 간극을 지나온 탓에
>
> 여우, 그 그리움은 목이 마르다
>
> — 「사라지는 것들」 부분

라고 묘사하듯, 사라지는 것들과 버티는 것들 사이의 간

극間隙을 지나왔으면서도 되레 지나왔기 때문에 화자가 급기야 여우가 된 채 구름을 타고 날고 싶은 그리움으로 사라지는 것들 때문에 더욱 목마를 수밖에 없어진다. 그래서 눈이 내릴 때 "박달나무 몸피 비워낼 때 파열음"(「물박달나무 껍질을 읽다」)에 귀를 기울이게 되고, "피사탑처럼 기울어진 신발 벗어 두고 / 다리를 종이 접듯 구부려 당겨 / 갈증의 목 술잔에 밀어 넣"(「강물의 속도 1」)게 되는지도 모른다.

여기서 간과看過하지 말아야 할 부분은 "갈증의 목 술잔에 밀어 넣는다"는 대목으로, 술을 갈증 나는 목에 밀어 넣는 게 아니라 뒤집어 놓는다는 점이다. 이 전도의 표현은 초현실주의 기법이기도 하고, 갈증의 농도를 극대화한 경우라고 할 수 있다.

용문사 홍매가
봄비를 피우고 말았네요

꽃이 나무를 피우는 가지 아래서
보았어요, 당신

발실 닿기 전

난분분
붉다 지친 꽃잎
바위에 동여 묶던 내 마음 곁에서
던지지고 있네요

— 「비가 데려온 봄」 전문

이 시에는 전도된 표현이 역설의 빛깔을 띠면서 색다른 매력을 발산한다. 봄비가 내려 홍매紅梅를 피우는 게 아니라 홍매가 봄비를 피우며, 나무가 꽃을 피우는 게 아니라 꽃이 나무를 피우는 것으로 그려진다. 시인이 이렇게 자연현상을 뒤집어 읽는 까닭은 '당신'에 대한 그리움과 기다림을 전도하고 싶은 심경과 무관하지 않아 보인다.

시의 제목이 분명 「비가 데려온 봄」인데도 시인의 심상풍경을 전이해 놓은 홍매가 봄비와 더불어 꽃을 피우고 난분분 붉다가 지쳐 질 때까지도 '당신'이 오지 않기 때문에 '비가 데려온 봄'이 무색해질 수밖에 없다. 언제나 그 자리에 있는 바위에 동여 묶던 심중에도 아랑곳없이 그 곁에 꽃잎들이 던져지고 있다는 건 비애의 극치에 다름 아닌 것으로 봐야 할 것이다.

이 같은 초현실주의적 발상은 또 다른 빛깔과 뉘앙스로도 번진다. "고비사막도 안나푸르나도 킬리만자로도 / 접시에 앉히면 안주가 되"(「강물의 속도 2」)는 거시적인 시각의 미시적 시각화視覺化가 그 한 예다. 게다가

지나온 길 다 지워내고
다시 건너야 하는
별빛 이야기를 우리는 나눈다

어느 성긴 눈 내리는 날 저녁
떠돌다 서성이는 눈발에게
강물이 닿을 때

하나의 소리가 다른 소리를 만날 때

마주잡을 둥근 손이 그립다

— 「강물의 속도 2」 부분

는 묘사는 이 시인의 언어운용의 개성을 뚜렷하게 떠올린다. 눈 내리는 저녁에 다시 건너야 하는 별빛 이야기를 나눈다거나 강물에 눈발이 내리는 게 아니라 떠돌다 서성이는 눈발에 강물이 닿는다는 표현은 순전히 그의 몫이다. 더구나 수평水平으로 흐르는 강물의 소리와 수직垂直으로 내리는 눈발의 소리가 만나는 걸 포착해 시각적(회화적) 이미지를 청각적(음악적) 이미지로 바꿔 바라보는 시각과 이 정황이 "마주잡을 둥근 손이 그립다"로 전이되는 표현의 묘미는 더욱 그렇다. 상실과 그 회복을 위한 곡진한 갈망이 "마주잡을 둥근 손"이라는 건 화해和解와 사랑에 대한 기구祈求임은 말할 나위조차 없다.

이같이 곡진한 갈망은 한라산을 올라 "있는 힘껏, 잡목을 거머쥔 손에서 피가 났다. 피는 아래로 번지며 먼 바다의 자락을 목까지 당겨 올리고 있었다"(「그해 사라오름」)라고 토로한 대목에서 극대화되고 있다. 그렇다면 시인이 이 같은 그리움과 갈망의 연원은 어디이며 왜 그렇게 무게중심이 옮겨지게 되는 것일까.

그대가 나를 하늘나리라 불러주었기에
<중략>

하늘만 목 떨어지도록 바라보다가 마디마디 맺히도록 감추어둔 속정 나비는 붉디붉은 선홍으로 피어난다. <중략> 하늘만 바라보는 것이 숙명이라면 사무치도록 시린 블루의 물에 뚝 부러져 떨어지는 천형이라도 붉음을 벗고 나 시 린 옷 갈아입겠다

나 그대 향한 하늘나리이니까

— 「하늘나리」 부분

화려한 색상이 강렬하며 주홍빛에 자주색 반점이 있는 꽃이 하늘을 향해 피는 여러해살이풀인 하늘나리에 비유해 자신의 심경을 담고 있는 이 시는 '하늘=그대'라는 등식을 통해 '그대'를 향해 사모思慕하다 사무치는 연정戀情이 여실하게 토로된다.

하늘을 향해 주홍빛과 자주색으로 피는 하늘나리보다도 짙은 붉디붉은 선홍빛으로 '그대'를 향해 피어 있을 뿐 아니라 '그대'를 기다리며 목이 떨어지도록 바라보는 데 그치지 않고 천형天刑이라도 그 선홍빛을 벗으며 물에 떨어질 때까지 기다리겠다는 단심丹心마저 불사한다. 이 단심은 '그대'가 그렇게 만들었고 '나'는 언제까지나 '그대'를 향할 뿐이라는 절체절명絶體絶命의 결의를 품고 있다. 이 같은 심경은 자연을 향해서도 "승천하지 않는다면 천년 잠 깨울 위낭소리로 나 또다시 당신에게 걸어가리라"(「계룡설산」)는 뉘앙스로 개진되기도 한다.

ⅳ) 앞에서 언급한 바와 같이 시의 화자는 하늘나리,

달, 여우, 섬 등으로 변신해 인유引喩의 효과를 가져오거나 심상풍경의 투영과 투사로 의미망을 강화해 보였듯이 직녀, 집시, 말, 풍차, 풍등, 길, 늪 등으로 변신하거나 그 이미지에 심상풍경을 포개어 시적 뉘앙스를 증폭시킨다.

「칠석의 퍼즐」에서는 화자가 직녀로 변신해 '그대'(연인)인 견우牽牛를 향해 "질긴 인연 밧줄에 꽁꽁 묶여 / 누구도 끊을 수 없는 다리 위에서 / 우리는 너무 오래 기다려왔다"면서 "세월의 강을 건너온 그대 앞에 / 난 반갑게 흔들리는 별빛이고 싶었다"고 고백하는가 하면, 직조의 비단 위에서 바늘귀 부여잡으며 "길 잃은 소를 몰고 있었다"고 애틋한 사연을 풀어낸다.

"몸의 구멍은 길이다"로 시작되면서 초현실적인 세계를 동경하는 「가고 싶다, 길을 만나면」에서는 마지막 부분에 이르러

> 길은 누군가에게 연주되길 기다리는
> 악기 같아서
> 내 안에 집시를 가둔 나는
> 가고 싶다, 길을 만나서
> 길이 되기 위해
>
> —「가고 싶다, 길을 만나면」 부분

라고 '길'과 '집시' 이미지를 끌어들여 자신이 꿈꾸는 대상과 일치로 나아가려는 심상풍경(내면의식內面意識)들을 길어 올린다. 길은 악기처럼 연주되기를 기다리기 때문에 자신이 인간악기요 무희舞姬인 집시와 하나가 된 길이 되

고, 자신과 같이 악기를 지닌 길을 만나 집시를 거느린 길이 되고 싶어 한다. 시적 묘미가 미묘한 메아리를 낳는 시가 아닐 수 없다.

또한 「둥싯 3」은 "눈 쌓인 천제단 앞에 / 풍등같이" 서서 닭의 혀처럼 붉은 웃음을 둥싯 뜨는 해 속에 담아 날리는 환상을 보여 주며, 「섬」에서는 다른 시에서 바다의 섬이었던 화자가 바닷가에서 주워온 돌이 "되레 나를 주워 들고 / 섬이라 한다"고 그리고 있어 섬이 갖는 의미를 유추하게 한다. 우포늪에서는 자신이 그 늪이 되어

나는 이미 늪이었으므로
부레옥잠이나 가시연꽃을 키우며
단지 따오기를 그리워할 뿐이지
— 「우포늪」 부분

라고 꽃을 키우며 단지 따오기를 그리워한다. 따오기는 중국 일부 지역에만 서식하는 겨울철새로 우포늪에서는 좀체 만날 수 없는 희귀종(천연기념물)이라는 점을 떠올리면 오지 않는 연인 같이 간절한 기다림의 대상임을 알 수 있다.

가도 가도 끝 보이지 않는 벌판
가뭇하기만 한 그대 향해
나는 말처럼 달린다
— 「풍차 2」 부분

결코 멈출 수 없는 열망

자꾸 구겨 넣은 내 몸

흰 말의 갈기 휼날리던 바람이

풍차인 나를 돌린다

—「풍차 3」 전문

이 두 편의 시에는 화자가 풍차이며 말처럼 벌판을 끝없이 달리는 것으로도 묘사돼 있다. 좀체 오지 않는 따오기를 기다리듯이 가뭇하기만 한 그대를 찾아 말처럼 달리며, 그대 향한 열망熱望을 멈출 수 없이 제자리에만 붙박여 있을 뿐인 '나'(풍차)를 달리는 말갈기 바람이 돌리는 두 겹의 비애를 표출하고 있는 셈이다.

한편, 나무들이 의인화되고 인격人格과 동선動線을 부여받으며, 현실과 비현실의 세계가 공존하면서 신비스런 창조적 공간들이 발현되기도 한다. 시인은 "감나무가 홍시 하나 물고 / 가을비 맞"(「가을비 보폭1」)는 사람으로 바라본다. 비가 감나무의 "이마의 주름살 속에서 / 먼지 낀 창을 밀고"(「가을비 보폭 2」) 있는 활유법은 그렇다고 치더라도 "한 그루 커다란 고로쇠나무는 / 눈 내린 비탈과 은밀히 내통"한다든가 "얼어 허기져도 달아오른 자궁의 문"(「은밀한 당신」)을 가진 관능의 나무로 그려진다. "햇살로 아랫배 채운 나무"가 "도리이 / 내 그늘을 시소시 밟"거나 "층층나무, 은사시나무, 꽝꽝나무"들이 "그늘을 데리고 /

내 몸으로 들어와 / 더욱 층층이 빛나는 별이 되”(「그늘의 이동 경로」)는, 그야말로 기상천외의 비현실적인 장면들이 거침없이 연출된다.

> 아무리 커다란 구름이라도
> 주목이란 창에 한 번 찔리면
> 살아 천 년을 살아
> 하품 찢기는
> 커다란 고래가 된다
>
> — 「고래를 찾다 1」 부분

이 시에서는 다른 나무들은 다 죽어도 오랜 세월 죽지 않고 사는 주목朱木의 이미지에 착안해 구름도 이 나무의 창에 찔리면 큰 고래로 변신한다는 신화를 빚는다. 이 고래 찾기는 시인이 지향하는 이데아의 한 모습에 다름 아닐 수 있다.

「두타산으로 퀵을 몰다」에는 “젖가슴이 풍만한 소나무는 허공을 가로지른다”고 소나무가 여체女體로 의인화되면서 허공을 가로지르는 이변이 연출되는 데다 “오토바이를 몰아 / 새가 사는 숲 이야길 배달한다”는 초현실적인 비약이 이뤄지며, “안으로 표정을 감춘 벌레의 나라”의 벌레들이 “붕붕거리며 두타산 수상한 공기를 배달”하는 동선이 주어져 있다. 게다가 오토바이 백미러에 “슬그머니 웃는 표정의 불상이 앉아 있다”니 ‘소나무’가 ‘나’로 ‘나’가 ‘소나무’로 전이되기까지 한다. 표제시는 그 중에서도 각별히 주목된다.

가끔 새들이 찾아오는 사과의 배꼽에는
녹슨 문 걸려 있다
그 문 열리지 않는 허공처럼 단단해서
혀는 끈질기게 간질여야 한다
그런 사과의 동굴 입구를 누가
바윗돌로 막았다
초록을 넘어서 하나의 사과가 붉음에 이르렀다는 것은
동굴의 입구 열릴 날 가까워졌다는 것

구멍이 구멍을 막아서 탯줄 잘린 자리마다
쌓아올린 돌무덤

부딪치다가 페인트칠이 벗겨져도 좋을 문
시들시들 새가 다녀가도 좋을 문
가을볕에 빨간 자전거를 끌고 와도 좋을
그건 당신의 문

그러니깐 그런 배꼽을 주렁주렁 매단 나무는
덩치 큰 사과나무일 것이고
흔들리는 자물쇠에 아귀를 맞춰보겠다고
찾아드는 새들은 끊임없이 열쇠를 흔들지

뿌리의 갈증이 깊어질 때
신물을 버리고 단물로
철커덕 열려라, 문

— 「빨간 사과는 열쇠 가게다」 전문

한 폭의 구상적 추상화를 보게 하는 듯한 이 시는 초현실적인 풍경을 담고 있어 사전적인 의미로는 거의 불가해不可解하다. 제목이 그렇고, 첫 연부터 그렇다. 빨간 사과가 열쇠 가게라니 어리둥절할 수밖에 없다. “사과의 배꼽”은 이해되고, 거기 “녹슨 문이 걸려 있다”는 구절도 이해할 수는 있다. 하지만 “열리지 않는 허공처럼 단단해서”와 “혀는 끈질기게 간질여야 한다”니 황당해지지 않을 수 없다. 허공은 끝없이 열려 있고 그 질감을 느낄 수 없는데도 열리지 않고 단단하다니 의미를 전복顚覆하고 있다고 밖에 볼 수 없다.

이어서 “사과의 동굴 입구”가 등장하고 그 입구를 “바윗돌로 막았”으며, “탯줄 잘린 자리마다 / 쌓아올린 돌무덤”, “가을볕에 빨간 자전거를 끌고 와도 좋을 / 그건 당신의 문”이라는 대목에 이르면 무의식의 표출이나 연상, 자동기술, 전도의 기법이 구사되고 있다는 느낌을 받게 된다.

추상화는 구체적인 대상을 그리는 게 아니라 작가의 이데아(관념)을 선과 색채로 형상화한 그림이므로 전체적인 느낌으로만 받아들여야 한다. 이 시 역시 어휘와 구문으로 시인의 이데아를 표현하고 있는 것으로 읽을 수 있다. 하이데거는 ‘언어=존재’라고 했으며, 김춘수는 ‘무의미 시’로 기존의 관념(고정관념)을 지우고 사물의 본질에 접근하려 했듯이, 시인은 그런 언어의 절대성에 천착하는 한편 초현실주의적인 발상으로 창조적인 언어미학을 구현해보려 했다고 봐야 할 것이다.

과수원의 사과가 익어가는 과정을 미시적으로 들여다

보면서 거시적인 시각으로 확대해서 언어의 절대성을 추구하고 표현방법으로 초현실주의 기법을 구사한 경우로 볼 수 있다. 이 시는 제목부터 기존의 관념을 깨트리면서 시인 특유의 언어감각과 개성적인 시각으로 언어로 된 추상화를 빚고 있으며, 추상화를 보듯이 읽으면 아름답기 그지없다.

v) 김루비의 시에는 기억의 창고에 저장된 추억들이 그리움의 결과 무늬들로 떠오르는가 하면, 회화(그림), 음악, 춤 등이 촉발하는 정조情調와 그 이미지들이 시적으로 다채롭게 구현되곤 한다. 시인에게 기억은 결코 아름답지만은 않아 내일을 향해서도 "산 너머 산 / 물 건너 물 // 비틀거리다가 / 비틀거림을 배낭에 매고 / 나는 간다"(「기억의 무게 1」)고 할 정도로 방황의 연속일는지도 모른다. 하지만 지난날의 슬픈 기억마저도 그리움의 대상이 아닐 수 없다.

쏜살같이 달아난
슬픔을
한 입 베어 물었더니
너 떠난 뒤에도
보름달
잇자국 남았네

— 「그리움」 전문

이 간결하고 아름다운 시는 고도의 기법이 녹아들어

있어 되풀이해 읽게 한다. 슬픔을 한 번 떠나면 되돌아오지 않게 빠른 속도로 달아났다고 보는 시각부터 예사롭지 않다. 반어법反語法인 데다 반전의 뉘앙스를 거느리고 있다. '너'와 헤어진 슬픔이 쏜살같이 달아난 게 아니라 절절한 그리움으로 남아 있으며, 보름달은 그 슬픔을 되씹게 하고 있음이 분명해 보인다. 그래서 또 반전을 하게 된 것일까. 보름달을 한 입 베어 물었더니 잇자국이 남았다는 건 그 슬픔의 반추反芻이자 절절한 그리움의 음각이 아닐 수 없다.

너와 내가 데미안의 알을 깨고
햇빛 삼키는 노을을 수확해
어두운 격자문 너머
우리는 알프스산을 만드는 거야

내 안의 가시나무는 바람이 키우게 두는 것
목 쉰 듯 해금의 긴 음 하나
한숨 쉬듯 목이 메어도
그대에게 닿는 길
가도 가도 나오지 않을 것을 알면서도
배고픈 꽃을 두고 나는 알프스로 간다

<중략>
길 떠난 그대에게 묻는다

알프스의 크레바스는 잘 있는가를

—「칸나, 알프스 가다」 부분

피어 있는 칸나를 보면서 발상한 듯한 이 시는 헤어지기 그 이전부터 지금까지의 심경을 오롯이 담고 있다. 사연이 깃든 듯한 칸나와 헤르만 헤세의 성장소설 「데미안」이 촉발하는 이 시의 상상공간은 진정한 자아에 눈뜬 데미안의 '알'마저 깨고 노을을 거둬들여 어두운 격자문 너머 알프스산을 만드는 환상을 품는다. 바로 문 너머 알프스산을 만든다는 은유는 꿈의 공간이다.

바로 이어서 자신 안에 가시나무가 자라고 애달픈 해금소리가 자리 잡고 있을 뿐 아니라 짙은 체념이 자리매김하고 있다. 하지만 '너'를 만날 수 없다는 사실을 뻔히 알면서도 배고픈 꽃을 두고 멀리 아득히 높은 알프스로 간다. 배고픈 꽃은 바로 현실이며 알프스로 간다는 건 '너'를 향해 마음이 간다는 의미일 것이다.

화자는 결국 그 아픔과 그리움을 "알프스의 크레바스는 잘 있는가를" 떠나 버린 '너'에 묻게 된다. 또 한 번의 반전인 셈이다. '너'가 떠난 멀리 아득한 곳에 '빙하(얼음덩이)의 표면이 깊이 갈라진 틈'이 잘 있느냐고 묻고 있기 때문이다. 이런 심경은 길을 수 없는 물을 길게 하는 데도 이르게 하는 것 같다.

위에서 아래로
더 이상 닿을 수 없을 때
바다가 된 나는 먼 뱃고동처럼 뒤척이는
파도를 한 겹 한 겹
잇대고 깁는다

—「물을 깁다」 부분

시인은 '체념의 바다'라도 돼 버린 걸까. 시지포스의 바위 굴리기보다도 가혹하게 "뱃고동처럼 뒤척이는 / 파도"를 깁고 있다니. 그래도 시인의 마음은 "민둥산 억새인 그대에게 / 별빛 잉크로"로 "하염없이 편지를 쓰"(「억새로 쓴 편지」)기도 하고, 산정호수에 가서는

찰랑거리는 물소리를 돌려세우기 위해
발자국을 옮길 때마다
사랑한다는, 그립다는 말의 수면에
머잖아 두꺼운 얼음이
내려앉을 것을 생각하니

부둥켜안으려던 적막은
눈발보다 먼저 떠난
풀벌레 안부가 궁금하다

— 「투명연못」 전문

고 감상에 젖기도 한다. 사랑한다는 말과 그립다는 말을 얼음이 덮을까 봐 우려하며, 적막한 마음이, '너'를 향해서는 말할 나위도 없겠지만, 겨울 앞의 "풀벌레 안부"에 신경을 쓰고 있다.

시인은 봄이 오는 모습을 바라보면서 "한 폭의 산수로는 / 봄을 다 그릴 수 없음이 / 안타까울 뿐"(「춘래도春來圖」)이라고 직설적으로 말하기도 하지만, 실제 많은 시편들이 그림(특히 추상화)을 그리듯이 쓰이고, 회화적 이미지로 쓰인 경우도 허다하게 볼 수 있으며, 음악과 무용에도

깊은 소양과 체험들이 녹아들어 있고 그런 이미지들이 떠올라 있다.

"마음이 둥글도록 멜로디로 엮은 둥근 집 / 마로니에 나무는 허밍으로 구름 흔들어 / 별빛이 틈을 벌린다"(「꽃의 기억」)는 음악을 매개로 한 환상이며, "속을 비운 것들은 / 애달픈 물소리 가졌다 // 제 살 모두 밀어내고 / 생겨난 구멍 안쪽 / 누군가의 숨결이 두드릴 때 / 품 다 떠나서 아무것도 / 남아 있지 않는 허공을 소리로 운다"(「피리 부는 여자」)고 피리소리를 물소리에 견주어 그 속성을 짚어낸 시지만 음악적 소양과 그 이미지들을 반영하고 있는 경우로 읽힌다. 피리와 피리를 부는 사람은 바로 자신이며, 자신의 내면이 아무것도 남아 있지 않은 허공虛空이라고 보고 있는 것 같다.

한숨도
버거움도
엎어 둔 접시다

이때 튀어나온 달에게
나뭇가지는 손가락
베토벤의 피아노소나타는
바람 없는 공중에서도
연주를 한다

— 「접시꽃 소나타」 부분

접시꽃을 접시로 되돌려 바라보는 회화적 이미지가 곁

들여진 이 시는 베토벤의 '월광곡月光曲'이 촉발하는 음악적 이미지를 자연현상에 대입해 떠올려 보이고 있다. 나뭇가지가 피아니스트의 손가락이 되어 바람 없는 공중에 떠 있는 달(피아노)을 연주하는 것으로 그리고 있어 환상적이다. 접시꽃은 시인의 심경을 담은 접시이며, 그 꽃 위의 나뭇가지 사이 어두운 하늘에 떠 있는 달이 자신의 심경을 담은 것 같은 피아노소나타를 들려주는 풍경으로 읽힌다.

머리에 빨간 꽃을 꽂고
라달비아 강물 위로 카르멘은
정열의 꽃물로 흘러
고도의 달에 든다
— 「날아오르는 춤 1」 부분

오렌지나무에 오른 카르멘은
오렌지꽃을 흔들기 위한
춤을 춘다, 플라멩코였다
— 「날아오르는 춤 2」 부분

삶도 어쩌면 춤인지 모른다. 화자는 비극적인 사랑을 그린 조르주 비제의 오페라 '카르멘'의 주인공인 정열情熱의 집시 여인 카르멘을 시에 인유로 끌어들여 자신 속의 카르멘을 오버랩해 보여 주는 것으로 읽힌다. 빨간 꽃을 머리에 꽂은 카르멘의 정열이 꽃물로 흘러 달에 들고, 오렌지나무에 올라 오렌지꽃을 흔들기 위한 춤을 추기도 한다. 그 춤은 떠도는 집시의 플라멩코이며, 날아오르는 춤이다. 시인은 날아오르고 싶은 꿈을 이들 시에 투사하고 있다고 볼 수 있다.

삶으로서의 춤은 「사랑 춤, 그 멈출 수 없는」에 그려지고 있듯이 "흐르는 목과 어깨는 / 백사장을 지난 물길인 듯" 하고 그 율동을 따라하게 할 뿐 아니라 종국에는 "낭떠러지 앞에서 / 잠시 만났던 절망"이기도 하지만, 삶이 그렇듯이 그 사랑 춤을 멈출 수는 없지 않겠는가.

그 삶의 춤엔 "새의 동작이 필요"하고, "혼자 남겨져도 고개는 / 숙이지도 들지도 말아야" 하며, 설령 "고압선을 밟은 듯 / 당신은 열병처럼 왔다가 / 훌쩍 달아"날지라도 어쩔 수 없지 않을까. 나아가 "중력도 버리고 가볍게 옮기는 발 / 내려놓는 보폭이 교차되는 지점에서" 순간을 즐기는 번갯불에 지나지 않을지라도……. 김루비의 시는 그야말로 루비처럼 아리도록 아름답게 반짝인다는 생각을 해 본다.

형상시인선 15 김루비 시집
빨간 사과는 열쇠 가게다

인쇄| 2017년 10월 26일
발행| 2017년 10월 30일

글쓴이| 김루비
펴낸이| 장호병
펴낸곳| 북랜드
06252 서울 강남구 강남대로 320 황화빌딩 1108호
대표전화 (02) 732-4574 | (053) 252-9114
팩시밀리 (02) 734-4574 | (053) 252-9334

등 록 일| 1999년 11월 11일
등록번호| 제13-615호
홈페이지| www.bookland.co.kr
이-메 일| bookland@hanmail.net

책임편집| 김인옥
교 열| 배성숙

ISBN 978-89-7787-737-5 03810
값 10,000 원